LA GUÍA CHISPIFANTÁSTICA

SOBRE EL UNIVERSO

Cuentos para alargar-la-vida

La Guía Chispifantástica sobre el Universo

© del texto: Mayella Almazán Arreola
© lustraciones de: Lady Dayana Del Portillo Molina
© corrección del texto: Equipo BABIDI-BÚ

© de esta edición:
Editorial BABIDI-BÚ, 2025
Avda. San Francisco Javier, 9, 6ª, 23
Edificio Sevilla 2 - España
41018 - Sevilla
Tlfn: 912.665.684
info@babidibulibros.com
www.babidibulibros.com

Impreso en España
Primera edición: junio, 2025

ISBN: 979-13-87735-62-3
Depósito Legal: SE 630-2025

LA GUÍA CHISPIFANTÁSTICA
SOBRE EL UNIVERSO

Mayella Almazán Arreola

Ilustrado por Lady Dayana
Del Portillo Molina

Para Alex y Georgia.

Índice

NOTA PARA LOS PADRES
Y GUARDIANES

Este es el libro que yo hubiera querido tener cuando era niña y me imaginaba que las flores me hablaban, que en los sueños viajaba hasta la luna y nadaba en sus cráteres, y cuando en el bosque veía a hadas y gnomos corriendo divertidos entre los troncos y las ramas de los árboles.

Y ni hablar de mi increíble sorpresa cuando fui al museo, donde había cientos de variedades de insectos. Pensé que, detrás de la creación de esta enorme variedad de animalitos, seguramente había un ser superior con una creatividad inmensa que se divertía diseñando y produciendo todas estas criaturas para que las disfrutásemos y viéramos en ellas su creatividad divina y el potencial de la creatividad humana que llevamos todos en el corazón.

Ya de adolescente, los sueños interesantes y hasta predictivos continuaron, y todo lo que aprendí observando la naturaleza me llenaba de confort y paz interna, confirmando lo que ahora sé que son los conceptos intuitivos de espiritualidad que me hacen ser quien soy, los mismos que he compartido con mis hijos y estudiantes y ahora comparto contigo.

Sin embargo, en ese momento de mi vida, seguía cuestionando lo que sentía, escuchaba y percibía porque ningún adulto podía explicármelo y, al parecer, nadie compartía este tipo de experiencias.

Desde pequeños, a los niños nos acostumbran a pensar que, si un adulto no puede explicar algo, es porque no existe, no es válido o hay una alternativa más «normal» o incluso hasta científica para explicar los conceptos o experiencias que tenemos. Como resultado, empezamos a dejar a un lado nuestros sueños despiertos, nuestras visiones y conversaciones con la naturaleza hasta que todo esto se acaba por completo y, eventualmente, nos convertimos en los mismos adultos que no nos comprendieron ni nos supieron acompañar.

Seguramente ellos experimentaron lo mismo que nosotros cuando nadie les habló de la magia que existe en las nubes de mil y una formas, de que las plantas responden a nuestro cariño y a nuestras palabras de amor y de que dentro de este vehículo que llamamos cuerpo físico existe algo maravilloso: nuestra alma o espíritu, o como quieras llamarle; y que, gracias a este, somos quienes somos durante nuestra experiencia humana en este planeta y quizá aún más allá cuando dejamos de existir en forma física.

Afortunadamente, siempre hay visionarios como el escocés Alexander Graham Bell, quien se dio cuenta de que el sonido se podía transmitir a grandes distancias y concluyó sus experimentos inventando el teléfono, no obstante las dudas y hasta burlas de muchos que no lograban comprender cómo esto era posible cuando el sonido es algo que nadie puede ver.

Quizá es tiempo de modificar el dicho de que «hay que ver para creer» y transformarlo en «hay que creer para ver» y abrir nuestras mentes como niños pequeños, y alegrarnos ante los nuevos descubrimientos que nos esperan al vivir y al acompañar a nuestros niños a experimentar la vida de esta nueva manera.

Los niños son nuestro tesoro más preciado y el futuro de nuestro planeta. Promovamos el vuelo libre de sus habilidades de imaginación y su enorme creatividad, ya que estas traerán a nuestro mundo logros e inventos que no podemos ni imaginar. Asegurémonos de que la comprensión de todas las cosas por parte de nuestros niños y niñas sea tan integrativa como nos sea posible.

Escribir este libro ha sido una experiencia profundamente emotiva, permitiéndome reconectar con la niña que alguna vez fui y con mi niña interna actual, llena de sueños, preguntas y una fascinación por el mundo invisible que nos rodea. Durante este proceso, he confirmado que las emociones y la espiritualidad están profundamente relacionadas.

En una sociedad donde las emociones son a menudo ignoradas o reprimidas, la conexión entre ambas puede parecer menos evidente. Sin embargo, al prestar atención a nuestro mundo interior, podemos descubrir que nuestras emociones son una brújula que nos guía hacia lo que es importante para nosotros, revelando nuestros valores, creencias y anhelos más profundos.

La alegría que sentimos al contemplar la belleza natural, la tristeza que experimentamos ante una pérdida, la compasión que surge al presenciar el sufrimiento en otros son todas expresiones de nuestra conexión con algo más grande que nosotros mismos. Son ventanas que nos permiten vislumbrar la dimensión espiritual de la vida.

La espiritualidad para mí nunca ha sido algo que practico una vez por semana en un entorno formal y rígido, sino una búsqueda personal de significado, propósito y conexión. Se trata de cultivar una relación con la fuente de la vida, tal y como cada quien la conciba.

Al explorar nuestra espiritualidad, aprendemos a navegar por nuestras emociones de una manera más saludable y significativa. A través de la introspección, la meditación, la oración o la conexión con la naturaleza, podemos encontrar paz interior, desarrollar la capacidad de amar y de ser compasivos, y vivir así una vida más plena y auténtica.

Este libro es una invitación a embarcarse en este viaje de descubrimiento personal, tanto para los niños como para los adultos. Lo comparto contigo como una herramienta amorosa para apoyarte en esta magnífica labor.

Al final de los capítulos, encontrarás una guía de apoyo para padres y guardianes para profundizar un poco más en cada tema con tu niño o con tu niña, incluyendo tu niño o niña interior.

Muchas gracias por leerme.

CAPÍTULO 1

MI VERDADERO YO

En todo el universo, hay un Ser Superior que es hermoso y muy amoroso. Puedes imaginarlo, quizás, como una enorme y brillante luz blanca llena de calidez, comprensión y mucho cariño.

Un día, este Ser Superior se preguntó qué más podría haber en este vasto universo y qué sería hermoso observarse a sí mismo. Como no tenía espejos para mirarse en ellos, se le ocurrió emanar muchas chispitas brillantes muy especiales a partir de su hermosa luz, y una de estas chispas brillantes eres tú.

Cada ser humano es una chispa de luz que emana de la blanca y amorosa luz del Ser Supe-

rior. Este nos conoce a cada uno por nuestro nombre y nos ama siempre, en todo lugar y en todo momento.

Esta brillante chispa que eres tú tiene un vehículo para moverse por esta tierra, y ese vehículo es tu cuerpo. Pero tú no eres solamente tu cuerpo; el verdadero tú es esa chispa hermosa que vive para siempre, aun cuando tu cuerpo ya no esté.

Tu cuerpo es como una casa para esta chispa que salió del amor del Ser Superior; por eso, es importante que lo cuides y lo mimes en cada momento.

Cada persona con la que te cruzas en la calle, en el fondo, es también una chispa de deslumbrante luz blanca. En algunas personas puedes ver ese brillo de inmediato y en otras no tanto, pero te aseguro que todos somos esa chispa blanca en nuestro interior.

Algunas familias tienen nombres para llamar a este Ser Superior. De hecho, hay muchos nombres para describirlo, como Dios, Alá, Jehová o simplemente el Ser Superior. El nombre de este Ser en tu casa puede ser muy importante, al igual que el que usan en otras familias; entonces, puedes llamarlo con ese nombre. En otras familias, el nombre puede ser diferente al que usas tú en casa, y también eso está bien.

Algunas personas dicen que el Ser Superior es como un padre, otras como una madre, y otras no lo imaginan como una persona en absoluto. Ni el nombre, ni si es mujer o es hombre, es tan importante; lo fundamental es recordar que todos venimos de ese Ser Superior lleno de amor que nos conoce por nuestro nombre y nos ama. Todos somos parte del mismo Ser Superior, sin importar cómo lo llamemos o cómo lo imaginemos.

CAPÍTULO 2

TENGO UN CUERPO Y UNA MENTE

Tu Chispa de Luz es tu verdadero yo, y tu cuerpo es su casita; pero, además, tienes otro don muy importante: tu mente.

Tu mente es la que te permite completar rompecabezas, recordar tus canciones favoritas, planear tu fiesta de cumpleaños y recordar el nombre de tu caramelo favorito. Ya de adulto, usarás tu mente para planear cosas en tu trabajo, organizar las vacaciones familiares y las visitas al parque.

La mente es un regalo maravilloso, pero debemos recordar que la mente no somos nosotros. Nuestro verdadero yo es nuestra Chispa de Luz, y la mente es una herramienta, como un martillo, por ejemplo. Con la mente podemos planear cosas, hacer la tarea de matemáticas, aprender a leer y escribir, y recordar el nombre de todos los compañeros de tu salón.

Lo más lindo es cuando tu mente, tu cuerpo y tu Chispa de Luz danzan en equilibrio y con armonía, celebrando la vida tan hermosa. Cada uno de los tres es importante y son complementarios, algo así como los mejores amigos.

En otras palabras: eres una Chispa de Luz blanca y tienes un cuerpo y una mente. ¡Qué belleza!

CAPÍTULO 3
TUS PAPÁS

Antes de nacer, ya existías como esa chispa de luz hermosa. Un día decidiste que querías jugar en este planeta, comer helado, perseguir mariposas, disfrutar el aroma de las flores y bañarte en agua tibiecita; pero, para hacer todo esto, necesitabas un cuerpo físico que solamente dos personas muy especiales te podían regalar: tu papá y tu mamá.

Entonces, imaginaste el tipo de papás que te gustaría tener de toda la selección que ya existía en el planeta, y elegiste a los mejores. Cuando los escogiste, te emocionaste muchísimo, y ellos también se emocionaron aunque aún no te conocían.

Hay papás que son Chispas de Luz grandes y muy, muy brillantes; y otros cuya chispa de luz pequeña y tenue parece estar escondida, o incluso ausente a ratos, o durante mucho tiempo. Esto se debe en gran medida a que han olvidado cómo eran de niños.

Luego, hay algunos papás que son totalmente diferentes a la mayoría de los papás en tu escuela o en tu barrio porque su Chispa de Luz les guía a elegir cosas distintas a los demás. Todos los papás y las mamás son únicos y perfectos para sus hijos, tal y como son.

Las relaciones entre padres e hijos también son todas diferentes. Algunas son más intensas y otras más tranquilas; algunas son más fáciles y otras más desafiantes. Lo importante es que cada relación es única y especial, y está bien.

Cuando seas más grande, comprenderás que tus papás son los papás perfectos para ti y que por eso los elegiste. Es especialmente importante recordar esto cuando te regañan y se ponen enojados. Tú sabes que ya se les pasará y que te aman, aun cuando te regañen.

Lo más importante es recordar que tus papás te hicieron el más grande regalo: la vida, para que puedas comer helado y jugar con tus amigos. Y eso es magnífico.

CAPÍTULO 4
ANOCHE TE SOÑÉ, ABUELO

Todos tenemos sueños, y los sueños son maravillosos porque nos pueden ayudar a resolver problemas, hacernos sentir como si volviéramos a estar jugando o charlando con alguien a quien hace mucho tiempo no vemos. A algunos, los sueños nos pueden mostrar cosas que ya pasaron o incluso cosas que van a suceder. A otros esto no les pasa, y está bien también.

Algunos sueños son una mezcla confusa y no parecen tener sentido, quizás porque no puedes recordar la historia completa, sino solamente pedacitos de la misma, y está bien. En nuestros sueños, somos como pequeños exploradores que viajan a través del tiempo y el espacio, ¡y no hay límites para lo que podemos hacer! Podemos volar como pájaros, nadar como delfines o incluso conversar con las estrellas brillantes en el cielo.

Es como si tu mente y tu Chispa de Luz viajaran a todos esos lugares maravillosos durante tus sueños. En otras palabras, algunos sueños nos pueden revelar qué fue lo que hizo tu Chispa de Luz mientras dormías.

Las pesadillas son simplemente sueños que te muestran a lo que les tienes miedo. Cuando tengas pesadillas, es una muy buena idea hablar de ellas con alguien que te ama, porque charlar de ellas con otra persona te puede ayudar a ver cómo en realidad no eran sueños tan malos.

Cuando olvidamos que somos una Chispa de Luz, a veces en los sueños podemos recordarlo. Recordar que lo que somos es una Chispa de Luz, en los sueños o despiertos, siempre nos trae mucha paz. Es como si nuestro corazón fuera un cofre lleno de tesoros inimaginables, ¡y los sueños son las llaves que nos permiten abrirlo y explorarlo todo!

CAPÍTULO 5

CHARLANDO CON EL SER SUPERIOR

Tú puedes conversar con el Ser Superior no solo en los sueños, sino en cualquier momento. Los adultos tienen diferentes nombres para describir esta conversación con el Ser Superior y todas son bellas y están bien. Algunos le llaman plegaria, otros rezo, y otros meditación o visualización.

Esta conversación, como quiera que la llames, es más fácil hacerla cuando estás quietecito y en silencio, ya sea en la naturaleza, como en el jardín de tu casa, por ejemplo, sentado sobre el suelo o en una silla, o acostado en tu cama antes de dormir.

Durante esta charla, es posible que veas cosas hermosas en una especie de pantalla en tu mente, o bien puede que sientas mucho amor o que escuches una música melodiosa. Quizás puedas ver como que estás sentado en la luna viendo a la tierra desde allá e incluso podrías ver colores que nunca se te hubieran ocurrido. Hay muchísimas posibilidades abiertas para ti, por eso es muy emocionante cada vez que decides tener estas charlas.

Cuando queremos charlar con el Ser Superior, no siempre tendremos una respuesta inmediata, pero ciertamente la tendrás, y lo más seguro es que la tengas a mitad del día cuando estás realizando tus actividades, como cuando estás haciendo tu tarea. Entonces, no te desanimes si no tienes respuestas de inmediato o si no puedes ver, escuchar o sentir nada. Esto nos ha sucedido a todos.

Otro motivo por el cual es lindo conversar con el Ser Superior es por las sensaciones de paz y tranquilidad que sientes en tu cuerpo y en tu mente cuando lo haces. Con frecuencia pensamos que todo lo que somos es nuestro cuerpo y nuestra mente, ¿recuerdas? Entonces, cuando el cuerpo nos duele, estamos preocupados o agobiados o tenemos la mente enrollada, charlar con el Ser Superior nos recuerda que somos chispas de Luz y así nos sentimos mejor.

Estas conversaciones puedes tenerlas también con tu Chispa de Luz. Podemos hacer que nuestra mente charle con nuestra Chispa de Luz, que es muy sabia y nunca se preocupa porque sabe que salió del Ser Superior que le ama siempre, en todo lugar y en cada momento. Esto es algo que muchas veces la mente olvida. Inténtalo, seguro lo disfrutarás.

CAPÍTULO 6

COMUNICACIÓN A DISTANCIA

Nuestros pensamientos son reales, así como nuestras emociones, y ambos son energía, como la electricidad o la señal del teléfono celular. No podemos verlos, pero existen. Nuestra mente y nuestro corazón son una especie de antena y pueden enviar pensamientos y emociones a través del aire a otras personas. Por eso, cuando pensamos en alguien y le enviamos amor, esa persona lo va a sentir.

Igualmente, si una persona o un grupo de personas piensa y siente cosas amorosas al tiempo que piensa en ti, tú también vas a sentirlo, aunque a veces no te des cuenta. Si tú y una persona tienen una relación especial, puede pasar que piensen uno en el otro al mismo tiempo, con emociones cariñosas y sentirlo ambos. Cuando charlen nuevamente, se podrán sorprender de descubrir que ambos sintieron cosas lindas al mismo tiempo, aun sin saber que cada uno estaba enviando sentimientos bonitos al otro en ese momento preciso.

Esta comunicación de sentimientos a distancia sucede con frecuencia y muchas veces, aun sin darnos cuenta, hay personas que nos están enviando amor y bendiciones y nosotros nos estamos beneficiando de esto. Por eso es importante procurar transmitir sentimientos de salud, paz y amor, y evitar lo más que podamos enviar otro tipo de sentimientos a las personas, como por ejemplo, desearles que les suceda algo feo o cuánto les tenemos envidia por ese juguete que nosotros no tenemos. Los sentimientos no alineados también viajan por el aire y le llegan a esa persona... pero antes de viajar por el aire te contagian a ti, porque para enviarlos al aire primero los produces tú con tu cuerpo y mente... eso no se siente muy bien para nadie.

CAPÍTULO 7

LAS VIBRACIONES

Hay energías que fluyen y revolotean dentro, alrededor y fuera de tu cuerpo, y se conocen como vibraciones. Todas las personas producen vibraciones desde su cuerpo, a veces provenientes de su mente, a veces de su corazón y, otras veces, incluso de su Chispa de Luz. Aunque no siempre podemos ver estas vibraciones, sí podemos sentirlas.

Las vibraciones nos indican el humor de la persona y su personalidad. Si alguien está feliz y tranquilo, su vibración será de paz y alegría, y todos nos sentimos muy bien alrededor de personas con vibraciones de paz y felicidad. Por el contrario, si la persona está nerviosa o enojada, su vibración se sentirá como de estrés y descontrol, lo cual nos hace sentir nerviosos e incómodos.

Normalmente, establecemos relaciones con personas que tienen vibraciones parecidas a las nuestras. Si observas a tus amigos, notarás que normalmente todos andan muy contentos al jugar, y esa vibración de alegría hace que todos se sientan muy bien y muy unidos. Sin embargo, de vez en cuando, todos podemos cambiar de una vibra alegre a una con sentimientos como nubes oscuras, lo cual casi siempre está relacionado con el cansancio de tu cuerpo, con cosas que te suceden o le suceden a los que amas, o con ideas no tan agradables que salen de tu mente.

Frecuentemente es posible cambiar de una vibración tipo nube oscura a una alegre, escuchando música que te gusta, saliendo a caminar en la naturaleza, bailando o pensando en alguien a quien quieres mucho y lo mucho que esa persona también te quiere a ti. Todos los seres a nuestro alrededor emanan vibraciones en el aire, incluyendo a los animales. Los animales, especialmente nuestras mascotas como perros, gatos y caballos, son particularmente buenos para darse cuenta de las vibraciones de las personas. Ellos saben cuándo estás cansado, nervioso o enojado, o cuando les tienes miedo.

Las mascotas incluso a veces disfrutan ayudándote a cambiar de una vibración no muy linda a otra más alegre gracias a su compañía y a que puedes acariciarlos y tranquilizarte junto a ellos. Si tu mascota te ayuda a cambiar a vibraciones más felices, es importante que de vez en cuando le mires a los ojos y le agradezcas por esto que hace con tanto amor. También hay personas con vibraciones muy lindas que nos alegran el día cuando no nos sentimos muy bien con su sonrisa, sus bromas y ocurrencias o simplemente con ese abrazo que nos dan. Es importante que también a ellos les des las gracias por ayudarte a convertir un día tipo nubes grises en un día de paz y felicidad.

Uno mismo puede ser esa persona que ayuda a otros a transformar sus vibraciones en algo lindo. Es muy bello poder hacer esto por otros, solo ten cuidado de que al hacerlo no te canses tú o te sientas abrumado. La habilidad de ayudar a otras personas a cambiar sus vibraciones requiere que cuides de tu Chispa de Luz. Sin una Chispa de

Luz bien activada, no puedes ayudar a nadie y te sentirás abrumado tú mismo, entonces primero ámate y cuídate a ti y a tu Chispa de Luz para que entonces puedas compartirla con otros.

CAPÍTULO 8
MI LUZ DE PROTECCIÓN

La Luz de Protección viene del centro del corazón del Ser Superior y es brillante y cálida como un rico abrazo. Cuando el Ser Superior decidió crearnos a todas las Chispas de Luz blancas, se dio cuenta de que en algunos momentos de nuestra vida en este planeta sentiríamos miedo o dolor y, por eso, creó una Luz de Protección y la colocó como un regalo dentro de nuestro corazón como un recordatorio de que siempre está contigo y te ama sin condiciones, pero muchos niños y adultos ni siquiera saben que la tienen.

La Luz de Protección forma parte de tu Chispa de Luz; la puedes activar con tu mente y con tu corazón, o con ambos, y la puedes sentir en todo tu cuerpo. Es como un superpoder que te va a ayudar a tranquilizarte y a sentirte mejor. Esta Luz de Protección es dorada y plateada, o quizás rosa y violeta; cada persona puede verla de maneras y colores diferentes, y está bien.

Para activarla, puedes cerrar los ojos —aunque no es necesario hacerlo, también puedes hacerlo con los ojos abiertos— e imaginarte que esta Luz de Protección baja y te rodea por completo como si estuvieras dentro de una burbuja. Estar dentro de esa burbuja es como entrar a una casa calentita cuando afuera hay una tormenta con mucho viento y lluvia: te sentirás protegido y recordarás que el Ser Superior te ama siempre, en todo lugar y en todo momento, y que sabe tu nombre porque eres especial.

La Luz de Protección puede ser activada incluso si te sientes mal por cosas que te dice la mente, porque esta burbuja es un sitio muy lindo y divertido al cual incluso puedes llevar a tus mascotas, a tus amigos y familia. Tu Luz de Protección también puede recordar a otras personas que cada quien tiene una y puede usarla para sentirse bien.

Por ejemplo, si ves a tu hermano o a tu hermana y no la están pasando bien, puedes imaginar que los envuelves contigo en tu burbuja. Al hacer esto, es muy posible que ellos recuerden que tienen su propia Luz de Protección y que es muy lindo activarla, rodearse de ella y quedarse ahí un ratito hasta que se sientan mejor.

Lo más importante es recordar que la Luz de Protección es un regalo del Ser Superior para todos los seres humanos para ayudarnos a encontrar la paz y la felicidad en nuestra vida.

CAPÍTULO 9

LA MANTA ROSA

Cuando era niña, tuve una hermosa manta rosa que me hacía sentir segura, feliz y calientita en todo lugar y en todo momento. La llevaba conmigo a la cama, al sofá, a las visitas a la casa de los abuelos, al jardín y hasta a los viajes en coche al supermercado. Mi cobija iba conmigo a todos lados.

Algunos niños tienen una cobija como la mía, o a veces puede ser un juguete o un oso de peluche. Esta cobija o manta, juguete u objeto favorito es un botón secreto que creó el Ser Superior para que los niños pequeñitos activemos nuestra Luz de Protección cuando todavía estamos muy

chiquititos y no entendemos todo eso de burbu-
jas y demás.

En vez de activar su Luz de protección y rodearse en su burbuja de amor con su mente, los
niños pequeños utilizan su manta para sentirse seguros. Y es que muchos niños pequeñitos se dan
cuenta de lo chiquitos que son en este mundo tan
grandotote y eso les da miedo. Además, todavía
no se dan cuenta de que la magia no está en la cobija o en el juguete, sino en su Luz de Protección,
pero con el tiempo lo van a aprender, tal y como
ahora lo sabes tú.

Por eso es importante que cuando veas a un
niño o una niña con una cobija, un juguete o un
objeto especial no te burles de ellos y los mires
con amor porque sabes que están aprendiendo a
activar su Luz de Protección y está bien.

CAPÍTULO 10

AYER ME PORTÉ MUY MAL

El Ser Superior nos ama tanto que decidió darnos un superpoder: el poder de escoger cómo actuar y qué hacer en cada momento y en cada lugar. A veces, el Ser Superior y nuestra Chispa de Luz nos hablan en voz muy bajita cuando estamos a punto de hacer una travesura o algo malo que puede hacer sentir tristes o enojados a nuestra familia o amigos. Es como si en sus voces nos aconsejaran que mejor no lo hagamos. Aun con este consejo, muchos hacemos la travesura de todas formas y luego nos sentimos mal en la mente, en el corazón y hasta en el cuerpo.

Nos dio este superpoder porque desea que entendamos desde el corazón qué tipo de acciones nos hacen sentir bien y en paz y cuáles nos dejan sintiendo tristes o preocupados. Este Ser Superior no nos regaña ni nos castiga porque en su amor infinito entiende que estamos aprendiendo a convertirnos en el mejor ser humano que podemos ser y que con el tiempo vamos a comprenderlo perfectamente. Cada vez que hacemos cosas lindas, aunque no nos gusten, como recoger nuestros juguetes y ayudar a mamá a hacer cosas en casa, nuestra Chispa de Luz crece y sentimos cómo el corazón se expande calentito en el pecho. Al contrario, cuando hacemos cosas no muy lindas, sentimos cómo nuestra Chispa de Luz se encoge y se siente apretada y dura en nuestro cuerpo. Nuestra Chispa de Luz es como un consejero fiel que nos ama siempre y en cada lugar. Podemos usarla como una brújula para guiarnos a elegir cosas que nos harán sonreír y sentirnos en paz.

CAPÍTULO 11

UNICORNIOS Y DRAGONES

De niña, los dragones fueron mis grandes amigos. Ahora de adulta, lo siguen siendo... La magia es como un misterio encantador que nos hace sonreír y sentirnos felices. A veces no siempre vemos las cosas mágicas con nuestros ojos, pero las sentimos en nuestro corazón.

Algunas personas creen que los unicornios y los dragones son amigos salidos de los cuentos de hadas, mientras que otras personas creen que los han visto en sus sueños o incluso cuando sueñan despiertos, y eso está bien porque cada persona tiene su propia forma especial de ver el mundo. Así que, incluso si no vemos un unicornio o un dragón frente a nosotros en el pasillo de la escuela o en el jardín de tu mejor amigo o amiga, ¡puede estar allí, jugando en nuestros sueños y llenando de colores nuestras aventuras! La magia está en creer y disfrutar de esos sueños maravillosos.

CAPÍTULO 12

LOS AMIGOS INVISIBLES

A veces, algunos niños dicen que tienen amigos invisibles que nadie más puede ver y con quienes juegan, comparten sus alimentos y dulces y charlan, ¡y eso está completamente bien! A otros niños esto no les pasa nunca y también está muy bien. Otros niños tienen amigos invisibles un tiempo y luego ya no, y también está superbien. Ese amiguito o amiguita invisible es un poquito diferente porque aunque nosotros no lo podemos ver con nuestros ojos, ellos sí que los sienten en su corazón. Es como tener un amigo mágico que siempre está allí para hacerlos sentir felices y acompañados.

Cada persona tiene su propio tipo de magia en su vida y si tu amiguito o amiguita dice que tiene un amigo invisible, es porque tiene un corazón lleno de imaginación y de amor para compartir. La magia está en todas partes y a veces toma formas que no podemos ver directamente con los ojos. Una de las cosas más mágicas y que es invisible es la amistad, así que no te burles de tu amiguito o amiguita por tener un amigo invisible. Mejor alégrate por él o por ella, ya que ese amiguito invisible es como la manta rosa, un botón especial que pueden tocar para sentirse dentro y recordar su burbuja de Luz de Protección, ese lugar especial donde nos sentimos en paz y felices.

CAPÍTULO 13

LOS INSECTOS Y OTROS SERES EXTRAORDINARIOS

Este insecto que parece un palito, en México lo llamamos campamocha o mantis; quizá en donde vives lo conoces por otro nombre. Los científicos lo llaman *Coptopteryx gayi* y fue el primer animalito que me sorprendió y me hizo pensar en la enorme creatividad del Ser Superior y cuánto debe divertirse cada vez que diseña y crea una criatura nueva como esta. Todos los animales en el planeta, ya sea diminutos como las lombrices bajo tierra o enormes como la ballena azul, ya sea que vivan sobre o bajo la tierra, en el agua o en el aire, tienen un mensaje para nosotros. En el caso de la mantis, creo que existe para recordarnos que somos Chispas de Luz que emanamos de la bella luz blanca del Ser Superior y que esa potencia creativa existe también en cada uno de nosotros. Recordar que cada Chispa de Luz caminando con cuerpo humano por el planeta somos infinitamente creativos y también podemos divertirnos mucho al hacer realidad nuestras creaciones. Un pintor famoso llamado Pablo Picasso dijo una vez: «Si lo podemos imaginar, existe»; así que pongamos a nuestra mente y a nuestro corazón a crear lo más bello que se ha visto jamás.

¡ENCUENTRA LA MANTIS EN LA ILUSTRACIÓN QUE SIGUE!

CAPÍTULO 14
CEREBROS QUE MIRAN LO QUE ESCUCHAN A COLOR

Desde que era niña y escuchaba música, al mismo tiempo veía colores brillantes. Igualmente, cuando escuchaba un idioma extranjero, los sonidos me aparecían en la mente como destellos y flujos coloridos hermosos. Pensé que a todas las personas les pasaba igual, pero ya de adulta me di cuenta de que no era así y estaba bien. Es como si la música y las palabras me hablaran en un lenguaje mágico y colorido que solo yo puedo entender. Mi vida se sentía especial cada vez que me permitía disfrutar de estas experiencias. Ahora como adulta hablo cuatro idiomas y estoy segura de que es así porque ver colores al escuchar lenguas extranjeras me ayuda a memorizar las palabras más fácilmente. Debo poner atención, porque si escucho música y suceden muchas más cosas al mismo tiempo, me puede doler un poquito la cabeza, porque cada cosa que sucede a mi alrededor es como tener un grupo de amiguitos insistentes queriendo hablar conmigo al mismo tiempo que todos los demás y me abrumo. Para sentirme mejor, me envuelvo en mi burbuja de Luz de Protección, me relajo y pronto se me pasa.

Luego, un amigo me dijo que esto que me pasaba tiene un nombre: se llama sinestesia y que está bien, que a él le pasaba algo parecido. Me contó que cuando él lee letras y números, estos también pueden aparecer con colores mágicos en su mente, ¡como un arcoíris que se despliega en las páginas de un libro! Yo lo entendí muy bien y sabía que, como yo, él seguramente disfrutaba cuando esos colores aparecían haciendo su lectura más divertida, pero que a veces también le dolería la cabeza si mientras leía pasaban muchas cosas a su alrededor. Me dijo que sí era así, pero que gracias a ver colores cuando leía pudo estudiar diseño y ahora es un artista famoso. También tuve una amiga a quien le costaba mucho trabajo leer porque confundía las letras «b» con las letras «p» y luego también las letras «d» con las «b» y otras así. En la escuela se burlaban de ella porque aprendía las cosas muy lentamente por su dificultad para leer y ni el maestro ni sus padres que tanto la amaban la podían comprender. Un día otro maestro de su escuela le dijo que lo que tenía se llama dislexia y que a muchos otros niños les pasaba igual.

Mi amiga no disfrutaba leer cuentos para niños por este motivo, pero al no leer, su imaginación se expandió y ahora como adulta es una fotógrafa que disfruta mucho su trabajo. La gente mira sus fotos y dice: «Parece que esta mujer mira el mundo con otros ojos, de una manera diferente al resto de nosotros». Yo estoy de acuerdo. Cuando no ponemos atención a algo, como ella con las palabras escritas, nos enfocamos más en otras cosas y entonces las vemos más bellas y magníficas que otras personas. Así como yo y mis amigos, hay muchas otras personas que ven y escuchan la vida de manera muy diferente a otros sin ver colores al leer o escuchar música. Hay mil y una formas de ver la vida de manera diferente. A esto se le llama diversidad, donde cada quien es diferente y especial a su manera. Ser diferente a ratos puede hacernos sentir mal o agobiados, pero todo mejora cuando nos damos cuenta de que todas nuestras diferencias y formas únicas de ver el mundo hacen que nuestro planeta sea aún más hermoso. La diversidad es como una gran fiesta en la que cada uno trae algo especial para compartir con todos. Todos juntos formamos un equipo increíble que hace que nuestro mundo sea un lugar emocionante y lleno de amor. ¡Celebremos juntos la riqueza de ser todos diferentes y especiales!

CAPÍTULO 15
MI OTRA MAMÁ ES VERDE

La Tierra es como una gran y amorosa mamá que nos cuida y nos da todo lo que necesitamos. Sí, es verdad, «es como una fuente infinita de amor y regalos». Por eso algunas personas le llaman Madre Tierra y lo escriben así, en mayúsculas, por respeto y amor. Imagina que los árboles son como sus brazos protectores, siempre extendiéndose para abrazarnos y darnos sombra. Las flores y plantas son sus regalitos coloridos, pequeñas obras de arte que alegran nuestro día. Los ríos y océanos son como sus lágrimas que le salen cuando se ríe mucho a carcajadas, fluyendo y llenándonos de vida. El sol es como su sonrisa brillante que nos da luz y calor, «¡haciéndonos sentir muy especiales!» Cuando caminas descalzo sobre la Madre Tierra, es como si la estuvieras abrazando y diciendo «gracias» por todo lo que nos da. La Madre Tierra nos provee de comida deliciosa, aire fresco para respirar y lugares hermosos para explorar. Así que, cuando estés afuera, recuerda agradecer a tu hermosa Mamá Verde, la gran Madre Tierra, por sus regalos y por cuidarnos como una mamá muy cariñosa. Ella es como un gigantesco abrazo que nos envuelve a todos en el planeta y eso se siente muy bien.

CAPÍTULO 16

LOS 5 COMPADRES

El mundo que nos rodea está lleno de magia y equilibrio. Es como un baile encantado de cinco amigos especiales conocidos como «los cinco elementos de la naturaleza». Imagina que el agua es como un abrazo fresco y calmado, siempre fluyendo y calmando la sed en todos. La encuentras en el mar enorme y en los ríos Amazonas en el sur del continente americano, el Usumacinta en México y el Nilo en Egipto por ejemplo, pero también en el agua que bebes y te refresca después de jugar muchas horas en el jardín y la que te limpia en la ducha. El aire es como una risa suave que nos acaricia, moviéndose, llevando consigo mensajes amorosos y susurros de historias mágicas y ayudando a los barcos y aviones a navegar. ¿Has escuchado al aire chiflar cuando viajas entre las rocas o las montañas? ¿Cuándo mueve las hojas de árboles que se cayeron en la tierra? El aire levanta las semillas de las flores y otras plantas para que crezcan como vegetación nueva en otros lugares y nos refresca cuando hace mucho calor. El fuego es el tercer compadre y es como un abrazo cálido y chispeante que nos llena de energía y alegría. Lo vemos en la estufa de la casa, en la fogata del campamento y también en la erupción de los volcanes, así como en las velas de la tarta de cumpleaños y en el Sol que es fuente de energía para todos los seres que vivimos en el planeta tierra. La comadre tierra es como una amiga fuerte y confiable, siempre sosteniéndose y dándonos un lugar seguro para jugar y crecer. No importa si vivimos en el quinto piso de un alto edificio. La tierra siempre está debajo de todo, lista para hacernos sentir su poder. Y luego algunos dicen que está el éter, que es como un abrazo invisible y amoroso que conecta a todos los compadres. Es la magia que une a los demás elementos y nos recuerda que todos estamos conectados. Cada uno de estos amigos tiene su papel especial en hacer que nuestro mundo sea hermoso y equilibrado. Juntos, crean la danza perfecta de la vida en la naturaleza. Así que, cuando estés afuera jugando, respira profundo, siente la tierra bajo tus pies, el calorcito del fuego del sol sobre tu piel y sé consciente de cada uno de estos maravillosos compadres que te harán compañía en cada aventura durante tu paso en este planeta Tierra.

CAPÍTULO 17
RESPIRANDO ANDO

¿Sabías que dentro de ti hay un botón mágico extra a los otros que te he compartido, ya que sirve para activar tu Chispa de Luz? ¡Es la magia de tu respiración, y es realmente asombrosa! Cuando respiramos poniendo **mucha** atención, es como si estuviéramos haciendo cosquillitas a nuestro corazón y a nuestra mente. Cada respiración es como un abrazo suave y amoroso que nos llena de energía y nos hace sentir muy, pero muy bien. Imagina que cada vez que inhalas despacio y con atención, tu cuerpo se llena de energía y alegría, como si encendieras miles de lucecitas brillantes. Es como si tu cuerpo fuera como una casita mágica. La respiración con atención es como abrir las ventanas y dejar entrar aire fresco y nuevo. Esto siempre y sin falta va a activar y hacer crecer tu Chispa de Luz.

Y cuando exhales, imagina que estás compartiendo ese amor con el mundo, haciendo que todo brille un poquito más. Aquí la Chispa de Luz crece un poco más todavía. Lo más bonito de todo es que la respiración con atención nos ayuda a estar aquí y ahora, en este momento tan especial, en vez de pensar en lo que hicimos ayer o con quién jugaremos mañana. La respiración del aquí y ahora nos permite disfrutar de cada instante como si fuera un cuento de hadas, lleno de maravillas y sorpresas.

Otra manera en que la respiración con atención nos ayuda es con la concentración que necesitamos cuando estamos haciendo algo importante, como estudiar o jugar. Es como si le dieran un empujoncito a tu mente y a tu cuerpo para que sean más fuertes y rápidos. Otra forma en que exhalar nos puede ayudar es cuando estamos tristes, preocupados o nerviosos. Te cuento, es muy fácil: inhala recibiendo la magia del Ser Superior, del aire, del cielo y de la Madre Verde lleno de amor y luz en tu cuerpecito y expande tu Chispa de Luz. ¿Ya empiezas a calmarte, verdad?

Ahora la segunda parte: cuando exhales, imagina que estás dejando salir tu enojo, tristeza o preocupación hacia la Madre Verde, hacia la tierra. Ella está acostumbrada a reciclar cosas como los desechos de la cocina en tu casa y puede reciclar tus miedos y temores también. Entonces, al exhalar, imagina que dejas salir tu enojo, por ejemplo, para ser reciclado por la tierra en un sitio donde se convertirá en compost y luego crecerán bellas flores. Hazlo tres o cuatro veces más y verás cómo tu Chispa de Luz estará activada con todo su poder y tú estarás más relajado. Así que, cuando necesites un poquito de magia en tu día, solo cierra los ojos, respira profundo y siente cómo la alegría y la paz llenan tu corazón. ¡El botón mágico de la Respiración está siempre contigo!

CAPÍTULO 18

SOLOVINO ME DIJO QUE ESTÁ POR LLEGAR MI TÍO

Las plantas y las mascotas son amigos muy especiales que pueden entendernos de una manera única. Desde niña recuerdo que todos en casa hablábamos con nuestras plantas y con todas las mascotas, incluyendo los pájaros que visitaban regularmente el jardín porque mis papás les dejaban comida fuera. Sí, es verdad, ¡la magia de la comunicación entre nosotros está en el amor y la amabilidad! Cuando hablamos bonito y amoroso con las plantas y las mascotas, ellos nos entienden, aunque hablemos idiomas diferentes. Es como si les estuviéramos enviando abrazos invisibles llenos de cariño a través de nuestras palabras y de la manera en que les hablamos. Los animales y las plantas pueden sentir esa energía amorosa y responden creciendo más altas y fuertes, y poniéndose más bonitos.

Mi papá me dijo un día que cada vez que cortara un limón del árbol, le pidiera permiso al árbol y le diera las gracias por el limón que iba a disfrutar. Nunca hemos visto un árbol de limones más feliz y lleno de fruta. A todos nos gusta cuando nos dan las gracias. Sus hojas se pusieron más verdes, creció más fuerte y hasta sus flores estaban más hermosas y aromáticas.

Lo mismo pasa con los animalitos. Cuando los acaricias, les hablas con voz suave y les das mucho amor, ellos también se sienten felices y nos quieren más. Y siempre recordaré al canario Lilo que tenía mi abuelita Ramona y que cantaba de una manera diferente para avisarle que iba a llover. Y a mi perro Bangio que se ponía a dar vueltas y vueltas frente al portón de mi casa cada vez que iba a llegar mi tío Álvaro de visita. No hacía eso con ninguna otra persona, solo con mi tío y lo hacía hasta media hora antes de que llegara.

Lo más maravilloso es que nuestras mascotas y las plantas también pueden comunicarse con nosotros, ¡a su manera especial! Si prestas atención y escuchas con el corazón, podrás darte cuenta de lo que las plantas y las mascotas te quieren decir. Puede ser a través de sus movimientos, sus sonidos o simplemente sintiendo su amor en nuestro corazón.

Así que, la próxima vez que hables con tus plantitas o tus amiguitos peludos, recuerda hacerlo desde el amor y la bondad. ¡Verás cómo ellos te responden con todo su cariño y gratitud!

CAPÍTULO 19.

CUANDO LOS ABUELOS SE VAN

Cuando mis abuelos Manuel y Ramona, Cipriano y Esperanza se fueron de este planeta, yo me puse muy triste y lloré mucho. En ese tiempo, una noche el Ser Superior me habló en los sueños y me dijo:

«Recuerda que tú misma estuviste conmigo durante mucho tiempo antes de tener ese cuerpo físico, regalo de tu papá y de tu mamá. De la misma manera, cuando los ancianos e incluso las personas jóvenes o niños dejan su cuerpo físico por cualquier motivo, su Chispa de Luz regresa a mí». Saber que mis abuelos están de vuelta con el Ser Superior me hizo sentir mejor, aunque aún muchas veces extraño tenerlos en este planeta.

Entonces recuerdo la otra cosa que me dijo el Ser Superior: «Cuando extrañes a tus abuelos mira tus manos y tus piernas, tu cara y tu cabello. Tienes un cuerpo físico que te regalaron tus papás y a ellos, sus cuerpos se los regalaron tus abuelos. Las personas se parecen físicamente a sus papás o a los abuelos porque este regalo del cuerpo los conecta y une a través de unas cadenas diminutas de amor que no puedes ver con los ojos, que se llaman 'genes'. A veces el parecido no es solamente físico, sino también puede ser en cómo caminamos o cómo nos movemos. Tenemos estos genes de amor en cada órgano, en cada pedacito de piel y en cada cabello, en todas las partes del cuerpo. Esta cadena de amor te sigue uniendo a ese abuelo o abuela que tanto echas de menos aunque ya no puedas verlos con tus ojos. Entonces, la próxima vez que mires tu carita en el espejo, o corras rápido, o te cepilles tu cabello o tus dientes, piensa: "sigo recibiendo tu amor a través de mis genes, abuelo/a. Gracias por darnos la vida a mis papás y a mí" y mándales un beso con tu corazón y tu mente».

Luego me di cuenta de que esto es verdad incluso si nunca conociste a tus abuelos. Los genes aún nos unen desde el amor, a través de toda la distancia y el tiempo.

CAPÍTULO 20
CUÉNTAME TU HISTORIA CHISPI-FANTÁSTICA

Si aún no sabes escribir, no te preocupes, puedes dibujar tu historia o pedirle a un adulto que te ayude a escribirla. Cada uno de nosotros tiene una historia Chispi-fantástica que compartir, y no importa cómo la cuentes, lo importante es que la expreses.

Tu historia puede ser sobre un día especial que viviste, un sueño que te gustaría alcanzar, o incluso sobre un amigo imaginario que te acompaña en tus aventuras. Tal vez quieras contar cómo te sentiste el día que visitaste el mar por primera vez, cómo aprendiste a montar bicicleta sin rueditas, o esa vez que encontraste un insecto raro en el jardín y lo observaste durante horas.

Imagina que tus palabras o tus dibujos son como pequeñas chispas de luz que iluminan los recuerdos y los sueños, creando un puente mágico entre tu corazón y el mundo. Cada historia es única, y al compartirla, no solo guardas esos momentos mágicos en un lugar especial, sino que también permites que otros conozcan y se maravillen con tu visión del mundo.

Puedes usar colores, pegatinas, fotos, lo que quieras para hacer tu historia aún más especial. Si decides escribirla, puedes comenzar con palabras sencillas. No te preocupes por hacerlo perfecto; lo importante es que captures la esencia de lo que quieres contar. Si eliges dibujarla, deja que tus manos se muevan libremente y que los colores fluyan.

Recuerda, cada historia, como cada persona, es un universo lleno de estrellas brillantes. Al compartirlas, estas estrellas iluminan nuestro entorno y nos conectan de maneras maravillosas. Así que toma un lápiz, un pincel, o simplemente tu voz, y cuéntanos: ¿cuál es tu historia Chispi-fantástica?

APOYO EXTRA PARA PADRES Y GUARDIANES

Esta sección te comparte algunas ideas, conceptos, ejemplos y visualizaciones adicionales que puedes compartir con tu hijo/a después de leer cada capítulo para profundizar sobre el tema.

El objetivo principal de cada uno es un espejo del objetivo del libro completo: transmitir un mensaje de amor, inclusión, respeto hacia todas las personas y seres que habitamos este planeta (iniciando por nosotros mismos), a través de una comprensión integrativa de nuestro entorno visible e invisible; en el cual el pasado, el presente y el futuro convergen en tu persona, como padre/

guardián al evocar emociones en tu propio niño/
niña interior.

MI VERDADERO YO

Te comparto ejemplos de cómo explicar a tu
hijo/a nuestro origen como Chispa de Luz que
proviene de un Ser Superior:

A. La Chispa de Luz y el Sol

Imagina que eres un pequeño rayo de sol, naci-
do del gran Sol radiante que brilla en el cielo. El Sol
te ama y te conoce por tu nombre, siempre te cuida
y te da su luz para que puedas crecer y brillar. Tu
cuerpo es como una pequeña casa que te permite
jugar y explorar el mundo, pero tu verdadero yo es
esa Chispa luminosa que vive dentro de ti.

B. La Semilla Mágica

Imagina que eres una pequeña semilla mágica,
plantada en la tierra con amor. El Ser Superior,
como un jardinero o jardinera sabios, te cuida y te
da todo lo que necesitas para crecer fuerte y hermosa. Tus raíces son como tu conexión con el Ser
Superior, y tu tallo y hojas se elevan hacia la luz,

buscando siempre el sol. Tu cuerpo es la parte visible de la planta, pero la verdadera magia reside en la semilla que guarda en su interior, la realidad de que eres una flor única y especial.

C. Las Gotas de Agua y el Mar

Imagina que eres una pequeña gota de agua, parte del gran mar que cubre la Tierra. El mar te ama y te protege, y aunque a veces te alejes en una ola, siempre regresas a él. Tu cuerpo es como la forma que adoptas en el mar, pero tu verdadero yo es esa gota pura y cristalina que forma parte del océano infinito. Cada persona es como una gota única, con su propia forma y color, pero todas juntas forman el gran mar de la vida.

****

Habla con tu niño/niña un poquito más sobre la diversidad de creencias

A. La Historia de las Estrellas

En el cielo nocturno hay miles de estrellas, cada una con su propio brillo y color. Algunas estrellas son grandes y brillantes, otras pequeñas y tenues. Algunas son rojas, otras amarillas, azules o blancas. De la misma manera, las personas son como estrellas, cada una con su propia luz y sus propias creencias. Lo importante es que admiremos la belleza de la diversidad y aprendamos a brillar juntos en armonía.

B. El Jardín de Flores

Imagina un jardín lleno de flores de todos los colores, formas y tamaños. Cada flor es única y especial, con su propia fragancia y belleza. De la misma manera, las personas son como flores, cada una con sus propias creencias, ideas y tradiciones. Lo importante es que cuidemos el jardín de la humanidad, respetando la diversidad y apreciando la belleza de cada flor.

Este texto ya ha sido corregido siguiendo las normas de la Real Academia Española. ¿Hay algo más en que pueda ayudarte?

TENGO UN CUERPO Y UNA MENTE

Te comparto ejemplos de cómo opera la mente a diferencia del cuerpo y de la Chispa de Luz:

A. La Mente como un Explorador

Imagina que tu mente es un valiente explorador que viaja por el mundo. Tu cuerpo es como una nave espacial que te permite viajar a diferentes lugares, y tu Chispa de Luz es el capitán que guía la expedición. El explorador (la mente) puede usar herramientas, mapas y brújulas (conocimientos y habilidades) para navegar por el mundo, pero no es el capitán (la Chispa de Luz) ni la nave espacial (el cuerpo).

B. La Mente como un Jardín

Imagina que tu mente es un jardín mágico. Tu cuerpo es como la tierra fértil donde crecen las flores, y tu Chispa de Luz es el sol que da vida a todo el jardín. La mente (el jardinero) puede plantar semillas (ideas), regar las plantas (aprender) y cuidar el jardín (pensar), pero no es la tierra (el cuerpo) ni el sol (la Chispa de Luz).

C. La Mente como un Artista

Imagina que tu mente es un artista creativo. Tu cuerpo es como el lienzo donde se pinta la obra de arte, y tu Chispa de Luz es la inspiración que guía al artista. La mente (el artista) puede usar pinceles, colores y diferentes técnicas (pensamientos, ideas y emociones) para crear una obra de arte, pero no es el lienzo (el cuerpo) ni la inspiración (la Chispa de Luz).

****

Profundiza con tu niño/a en el tema de la relación e interacción entre la Chispa de Luz, el cuerpo y la mente. Recuerda que el objetivo principal es transmitir un mensaje de equilibrio y armonía entre estos tres elementos: la mente, el cuerpo y la Chispa de Luz.

A. La Orquesta de la Vida

Imagina que tu cuerpo es como un instrumento musical, tu mente es el director de orquesta y tu Chispa de Luz es la música que se crea. La mente (el director) puede usar el instrumento (el cuerpo) para tocar diferentes melodías (pensamientos, acciones y emociones), pero no es la música (la Chispa de Luz) ni el instrumento (el cuerpo).

B. El Viaje en Globo

Imagina que tu cuerpo es como un globo aerostático, tu mente es el piloto y tu Chispa de Luz es el viento que impulsa el viaje. La mente (el piloto) puede controlar el globo (el cuerpo) usando la dirección del viento (la Chispa de Luz) para llegar a diferentes lugares (objetivos y sueños), pero no es el viento (la Chispa de Luz) ni el globo (el cuerpo).

TUS PAPÁS

Te comparto ejemplos para explicar cómo los papás y los hijos se escogen unos a otros antes de nacer.

A. La Fábrica de Sueño

Imagina que antes de nacer existía una fábrica de sueños donde las Chispas de Luz podían elegir a sus padres. La fábrica era un lugar mágico lleno de posibilidades, con miles de padres diferentes para elegir. Cada Chispa de Luz podía ver la vida de cada papá y cada mamá, sus alegrías y dificultades, sus fortalezas y sus retos. Después de observar detenidamente todas las opciones, cada Chispa de Luz elige a los padres que mejor se adaptan a sus necesidades y deseos para su vida en la Tierra.

B. La Gran Biblioteca

Imagina que antes de nacer existía una gran biblioteca donde se guardaban los libros de la vida. Cada libro era la historia de una familia diferente, con sus alegrías y tristezas, sus triunfos y desafíos. Las Chispas de Luz pueden leer los libros y elegir la familia que mejor se adapta a su propia historia. Al elegir a sus padres, las Chispas de Luz saben que no todo será perfecto, pero también saben que encontrarán las experiencias que necesitan para crecer y aprender en la Tierra.

ANOCHE TE SOÑÉ, ABUELO

Los sueños son excelentes herramientas potenciales de exploración interior y desarrollo personal. Puedes narrar las historias debajo o algunas de tu propia experiencia/inspiración para ahondar en el tema. Anima a tus hijos a compartir sus sueños contigo y ayúdales a interpretarlos de una manera positiva y constructiva.

A. El sueño del tesoro escondido

Una vez soñé con un mapa que me llevó a un tesoro escondido. Al despertar, recordé el mapa y decidí seguirlo. Después de una larga búsqueda, encontré el tesoro y me di cuenta de que había encontrado algo más valioso que el oro: la confianza en mí misma y la capacidad de lograr mis objetivos.

B. El sueño del animal que habla

Una vez soñé con un gato que me hablaba y me dio un consejo importante. Al despertar, recordé el consejo y decidí seguirlo. El consejo me ayudó a resolver un problema que tenía y me enseñó a ser más valiente y segura de mí misma.

C. El sueño del lugar mágico

Una vez soñé con un lugar mágico lleno de belleza y alegría. Al despertar, recordé la sensación de paz y felicidad que sentí en el sueño. Decidí crear mi propio lugar mágico en mi habitación, lleno de cosas que me hacen sentir feliz y amada.

Los sueños pueden impactar en la vida cotidiana de los niños y cómo pueden ser utilizados como herramientas para el crecimiento personal y espiritual:

A. Superar miedos

De niña tenía miedo a la oscuridad. Una vez soñé con un superhéroe que me ayudó a vencer el miedo. Al despertar, me sentí más valiente y segura de mí misma y ya no tengo miedo a la oscuridad.

B. Resolver problemas

Una vez en la escuela no se me ocurría cómo resolver una tarea que me dio la profesora. Esa noche soñé con una solución creativa. Al despertar, decidí probar la solución que encontré en el sueño y la profesora me felicitó.

C. Encontrar la paz interior

Hace tiempo, cuando era niño, estaba pasando por un momento difícil y soñé con un lugar tranquilo y pacífico. Al despertar, recordé la sensación de paz que sentí en el sueño y decidí buscar maneras de encontrar esa paz haciendo cosas que disfrutaba, como leer libros, jugar en el patio con mis amigos o con mi mascota.

CHARLANDO CON EL SER SUPERIOR

Las prácticas espirituales son herramientas poderosas que pueden ayudar a los niños a crecer y desarrollarse de una manera sana y equilibrada. Anima a tus hijos a explorar estas prácticas y a encontrar las que mejor le funcionen y fluyan con el estilo de espiritualidad que practican en casa. Te comparto algunos ejemplos de cómo las prácticas espirituales pueden impactar en la vida cotidiana de los niños y cómo pueden ser utilizadas como herramientas para el crecimiento personal y espiritual.

A. Manejar las emociones

Las prácticas espirituales como la oración, la meditación o la visualización pueden ayudar a los niños a manejar sus emociones de una manera saludable. Al orar o meditar, pueden sentirse acompañados por una fuerza mayor que todo, el Ser Superior. La visualización puede hacerles imaginar cómo, al sentirnos agobiados por una emoción negativa, podemos elegir sentirnos diferentes, encontrar calma y paz interior.

B. Tomar decisiones difíciles

Las prácticas espirituales pueden ayudar a los niños a tomar decisiones difíciles con mayor claridad y sabiduría. Cuando los niños se encuentran ante una encrucijada, pueden recurrir a estas prácticas para obtener la guía y el apoyo que necesitan.

C. Desarrollar la compasión

Las prácticas espirituales pueden ayudar a los niños a desarrollar la compasión por sí mismos y por los demás. Cuando los niños se conectan con su propia espiritualidad, es más probable que se sientan conectados con los demás y con el mundo que les rodea.

COMUNICACIÓN A DISTANCIA

Te comparto algunos ejemplos de cómo los niños pueden practicar la transmisión de pensamientos y emociones amorosas en su vida cotidiana:

A. El juego del amor

Los niños pueden jugar a enviar pensamientos de amor a diferentes personas. Pueden imaginar que sus pensamientos son como rayos de luz que viajan por el aire y llegan a su destino.

B. La carta de agradecimiento

Anímalos a escribir cartas o hacer un dibujo de agradecimiento a las personas o mascotas que aman, vivas o fallecidas. En las cartas, pueden expresar sus sentimientos de amor y gratitud. Puedes hablar con tu hijo/a sobre lo bien que se siente externar nuestros sentimientos cariñosos.

C. El dibujo del corazón

Los niños pueden dibujar corazones para las personas o mascotas que aman, vivas o fallecidas. En los corazones, pueden escribir palabras o frases que expresen sus sentimientos. Puedes hablar con tu hijo/a sobre lo bien que se siente externar nuestros sentimientos cariñosos.

LAS VIBRACIONES

Para desarrollar y mantener una vibración positiva, primero hay que apoyar a tu hijo/a para que identifique las emociones detrás de las vibraciones. Es importante también apoyar a identificar sus emociones negativas (enojo, frustración, tristeza, etc.) y hacerle saber que es útil conocerlas para poder transformarlas.

A. El juego de las emociones

Jueguen a identificar las emociones de los demás por sus vibraciones. Pueden cerrar los ojos y concentrarse en la sensación que les produce la voz de una persona en un video o programa de televisión apto para niños. Explícales que ellos pudieron detectar las vibraciones de las personas sin necesidad de verlas, por su tono de voz, por ejemplo.

B. El dibujo de la paz

Pídeles dibujar imágenes que les transmitan paz y tranquilidad. Los colores y las formas pueden ayudarles a crear emociones positivas, especialmente si son aprendices visuales o muestran interés/habilidades en el dibujo.

Las vibraciones pueden impactar en diferentes aspectos de la vida cotidiana de los niños, algunos ejemplos:

1. En la escuela: explícales cómo los niños con vibraciones positivas usualmente tienen más amigos, participan en clase y aprenden con mayor facilidad.

2. En casa: explícales cómo los niños con vibraciones positivas es más probable que tengan una relación más armoniosa con sus padres y hermanos, y que contribuya a un ambiente familiar más feliz.

Las emociones y sus vibraciones son una parte importante de nuestra vida que podemos aprender a utilizar para crear una realidad más positiva para nosotros mismos y para los demás. Anima a tus hijos a desarrollar y mantener una vibración positiva a través de juegos, canciones, bailes, dibujos y visualizaciones, pero también recuérdales que en ocasiones nos sentiremos tristes, enojados y decepcionados y esas emociones también es necesario sentirlas, identificarlas y nombrarlas para aprender a gestionarlas.

MI LUZ DE PROTECCIÓN

La idea detrás de la Luz de Protección es considerarla como un regalo del Ser Superior para ayudar a los seres humanos a enfrentar el miedo y el dolor en la vida, pues es una fuente de calma, seguridad y amor divino. Debajo te comparto ejemplos o situaciones que ilustran cómo los niños pueden utilizar la Luz de Protección en su vida cotidiana:

A. Antes de dormir: si tu niño tiene miedo a la oscuridad, puede activar su Luz de Protección antes de dormir. La luz dorada y cálida lo ayudará a sentirse tranquilo y seguro, y le recordará que el Ser Superior lo ama y lo protege.

B. En la escuela: si tu niña se siente ansiosa por una prueba en la escuela, puede activar su Luz de Protección antes de entrar al aula. La luz le dará la calma y la concentración que necesita para realizar la prueba con éxito.

C. En el parque: si tu niño se siente triste porque otro niño lo ha excluido del juego, puede activar su Luz de Protección para recordar que es valioso y querido, y le dará la fuerza para seguir adelante y encontrar nuevos amigos.

Ahora te dejo algunas ideas para que los niños practiquen la activación de su Luz de Protección en la vida diaria:

- **Dibujos:** pídeles que dibujen cómo se imaginan su Luz de Protección. Esto les ayudará a visualizar y a conectarse con ella.

- **Meditación/visualización o plegarias:** enséñales a meditar, rezar o visualizar situaciones donde se conecten con su Luz de Protección. La meditación, las visualizaciones y el rezo son formas poderosas de aquietar la mente y el cuerpo, y de conectar con la propia esencia.

Con un poco de práctica, los niños podrán activar su Luz de Protección de forma natural y utilizarla para enfrentar los desafíos de la vida de manera positiva.

MI MANTA ROSA

Te comparto tres ejemplos de cómo los adultos podemos apoyar a los niños en el proceso de transición de depender de objetos de apego a desarrollar una conexión más directa con su Luz de Protección interna.

A. Valida sus emociones

Es importante que los adultos validemos las emociones del niño y le hagamos sentir que es normal sentirse inseguro en ocasiones. Decirle cosas como «Es normal tener miedo a la oscuridad» o «Es normal sentirte triste cuando estás solo» puede ayudar al infante a sentirse comprendido y apoyado.

B. Ayuda a tu niño/a a identificar su Luz de Protección

Consulta la sección de «Mi Luz de Protección» mencionada anteriormente.

C. Ofrécele herramientas para activar su Luz de Protección

Consulta la sección de «Mi Luz de Protección» para obtener herramientas específicas.

Espero que esta versión sea la correcta y cumpla con tus expectativas. ¿Hay algo más en que pueda ayudarte?

AYER ME PORTÉ MUY MAL

Te comparto 2 ejemplos de cómo los niños pueden cultivar la consciencia moral y la toma de decisiones éticas en su vida cotidiana en las que actuar de manera ética nos hace sentir bien y en paz con nosotros mismos.

A. Ayudar a los demás:

Un niño ve a una persona mayor que tiene dificultades para llevar las bolsas de la compra. El niño tiene la opción de ofrecerse a ayudarle o de ignorarlo y seguir su camino.

B. Tomar algo que no te pertenece:

Una niña ve un objeto que le gusta en una tienda y no tiene dinero para comprarlo. La niña tiene la opción de tomarlo sin pagar o de dejarlo en la tienda.

C. Hacer trampa en un juego:

Un niño está jugando un juego con sus amigos y tiene la oportunidad de hacer trampa para ganar. El niño tiene la opción de hacer trampa o de jugar limpio.

Finalmente, te dejo algunos consejos para ayudar a los niños a cultivar la consciencia moral y la toma de decisiones éticas:

- Habla con tus hijos sobre la importancia de la moral y la ética.
- Ayúdalos a identificar las diferentes opciones que tienen al tomar una decisión.

- Pregúntales cómo creen que se sentirán después de tomar cada una de las opciones.
- Anímalos a elegir la opción que les haga sentir bien y en paz con ellos mismos.
- Sé un buen modelo a seguir. Los niños aprenden observando a los adultos

UNICORNIOS Y DRAGONES

Algunas ideas sobre cómo los niños pueden utilizar la magia de la imaginación para enfrentar los desafíos y dificultades en su vida cotidiana:

A. Transformar el miedo en aventura

Si tu niño tiene miedo a las arañas, puede imaginar que una araña amigable es su mascota y lo protege de los peligros.

B. Convertir las dificultades en oportunidades

Si tu niña tiene dificultades para aprender a leer, puede imaginar que las letras son personajes que le ayudan a contar historias.

LOS AMIGOS INVISIBLES

Aquí te dejo algunos consejos para ayudar a tu niño/a a compartir y comunicarse contigo sobre sus amigos invisibles:

- Crea un ambiente de seguridad y confianza: Los niños deben sentirse seguros y cómodos para hablar sobre sus amigos invisibles.

- Evita los juicios y las críticas: Es importante que los niños no se sientan juzgados o criticados por tener un amigo invisible.

- Haz preguntas abiertas: Haz preguntas abiertas para que los niños puedan hablar sobre su amigo invisible con más detalle.

- Escucha con atención: Presta atención a lo que los niños dicen sobre su amigo invisible y trata de comprender su experiencia.

- Valida sus sentimientos: Es importante que los niños se sientan validados por sus sentimientos sobre su amigo invisible.

Recuerda que cada niño es diferente y que la experiencia de tener un amigo invisible es única para cada uno. Es importante respetar la experiencia de cada niño y ayudarlo a sentirse cómodo para compartirla con los demás.

LOS INSECTOS Y OTROS SERES EXTRAORDINARIOS

La observación de la naturaleza puede ayudar a desarrollar la conexión espiritual en los niños. Te comparto algunos ejemplos:

A. Maravilla y asombro

Observar la complejidad y la belleza de la naturaleza, como las intrincadas estructuras de las alas de una mariposa o la forma en que una abeja recolecta néctar de una flor, puede despertarles un sentido de maravilla y asombro. Esto puede conducir a un sentimiento de conexión con algo más grande que uno mismo, como el Ser Superior o la naturaleza divina.

B. Gratitud y aprecio

Observar la diversidad y la abundancia de la vida en la naturaleza, desde las imponentes montañas hasta las diminutas hormigas, puede generarles un sentimiento de gratitud y aprecio por el mundo que les rodea. Esto puede fortalecer su conexión con el Ser Superior como fuente de toda la creación.

C. Reflexión y contemplación

Dedicar tiempo a observar la naturaleza en silencio puede ayudarles a aquietar su mente y a entrar en un estado de reflexión y contemplación. Esto puede facilitar la conexión con su interior y con el Ser Superior, permitiéndole encontrar paz y significado en la vida.

CEREBROS QUE MIRAN LO QUE ESCUCHAN A COLOR

Apoya a tu niño o niña ampliando el tema del impacto emocional de las experiencias sensoriales únicas en la vida cotidiana de otros niños para que puedan comprenderlos mejor:

A. Alegría y disfrute

Las experiencias sensoriales únicas pueden ser una fuente de alegría y diversión para los niños. Por ejemplo, un niño con sinestesia puede disfrutar de ver colores al escuchar música.

B. Frustración y dificultad

Estas experiencias también pueden ser una fuente de frustración y dificultad para los niños. Por ejemplo, un niño con déficit de atención puede experimentar ansiedad por no recordar la tarea o por no poder terminar las cosas a tiempo.

C. Sentimientos de aislamiento

Los niños que experimentan diferencias sensoriales o de aprendizaje pueden sentirse aislados de sus compañeros.

Otras ideas para apoyar a tu niño/a a comprender las experiencias sensoriales divergentes en otros niños o adultos:

- Compartir historias: habla con tu hijo sobre cómo estas diferencias pueden afectar las emociones de los niños. Pregúntale cómo se sentiría si no pudiera ver colores al escuchar música o si tuviera dificultades para leer.
- Fomentar la empatía: Ayúdale a tu hijo a ponerse en el lugar de otros niños. Pregúntale cómo cree que se sentiría un niño con una experiencia sensorial/ física/ cognitiva diferente en una situación específica.

Si tu niño o niña es quien experimenta la neurodivergencia o divergencia, la validación de sus emociones y experiencias es vital en su camino de autodescubrimiento y aceptación.

MI OTRA MAMÁ ES VERDE Y LOS 5 COMPADRES

Explora con tu hijo/hija la importancia de cuidar activamente la Tierra y cómo todos los niños pueden contribuir a proteger el medio ambiente en su vida diaria. Te comparto algunos ejemplos de cómo los niños pueden contribuir a cuidar y preservar los elementos naturales:

A. Agua

- Cierra el grifo mientras te lavas los dientes o te enjabonas en la ducha.
- No tires basura en los ríos ni en el mar.

B. Aire

- Camina, usa la bicicleta o el transporte público en lugar del coche.
- Planta árboles y flores en tu jardín o comunidad.

C. Fuego

- Usa menos leña o carbón para cocinar o calentar tu casa.
- Ten cuidado al hacer fogatas y asegúrate de apagarlas completamente.

D. Tierra

- Reduce, reutiliza y recicla materiales en tu vida diaria.
- Haz composta con los restos de comida y úsala para fertilizar las plantas.

E. Éter

- Pasa tiempo en la naturaleza para conectar con la energía del Ser Superior y tu Chispa de Luz.
- Cuida tu cuerpo y mente para vivir en armonía con los 5 compadres y contigo mismo/a.

Y algunos ejemplos de interacciones entre los 5 Compadres y su influencia en los ecosistemas:

A. El ciclo del agua

- El agua se evapora de los océanos y ríos por el calor del sol.
- El vapor de agua se condensa en las nubes y forma la lluvia o la nieve.
- La lluvia o la nieve cae sobre la tierra y se filtra en el suelo.

- El agua subterránea fluye hacia los ríos y océanos, completando el ciclo.

B. La fotosíntesis

- Las plantas verdes usan la luz solar, el agua y el dióxido de carbono para producir oxígeno (aire) y azúcares.
- El oxígeno es liberado a la atmósfera y es esencial para la vida animal.
- Los azúcares son utilizados por las plantas para crecer y reproducirse.

C. La formación del suelo

- Las rocas se descomponen por la acción del agua, el aire y los cambios de temperatura.
- Los líquenes y las plantas crecen en las rocas y ayudan a descomponerlas aún más.
- La materia orgánica de las plantas y animales se acumula en el suelo y lo enriquece.

RESPIRANDO ANDO

La práctica regular de la respiración consciente puede ayudar a los niños a manejar sus emociones, mejorar su concentración y disfrutar de una vida más plena. Aquí te dejo algunos ejercicios prácticos de respiración consciente para niños que puedes hacer con ellos para ayudarlos a comprender el concepto

A. La flor mágica Imagina que tienes una flor en tu mano. Inhala despacio y profundo por la nariz, imaginando que estás oliendo la flor. Exhala despacio por la boca, imaginando que estás soplando las semillas de la flor al viento. Repite 3 veces. Sonríe.

B. El globo Imagina que tienes un globo en tu barriga. Inhala despacio y profundo por la nariz, imaginando que estás inflando el globo. Exhala despacio por la boca, imaginando que estás desinflando el globo. Repite 3 veces. Sonríe.

C. La ola Ponte de pie con los pies separados a la anchura de las caderas. Inhala despacio y profundo por la nariz mientras levantas los brazos por encima de la cabeza. Exhala despacio por la boca mientras bajas los brazos a los lados. Repite 3 veces, imaginando que eres una ola que se mueve hacia la orilla y luego regresa al mar. Sonríe.

D. El arcoíris Imagina un arcoíris en el cielo. Inhala despacio y profundo por la nariz mientras recorres el arcoíris con los ojos, empezando por el rojo y terminando por el violeta. Exhala despacio por la boca mientras imaginas que estás dejando salir los colores del arcoíris de tu cuerpo hacia la tierra. Sonríe. Repite 3 veces.

Y aquí tienes 3 historias o ejemplos de situaciones cotidianas donde la respiración consciente puede ser útil para tu niño/a.

A. Antes de un examen.

Practica la respiración consciente durante 3 minutos antes del examen. Te sentirás más calmado y concentrado al realizar el examen con mayor tranquilidad.

B. Durante el juego.

Practica la respiración consciente durante 2 minutos si te sientes frustrado porque no puedes ganar el juego. Te sentirás más calmado y relajado y podrás volver a disfrutar del juego.

C. Al acostarse a dormir.

Si tienes dificultades para conciliar el sueño, practica la respiración consciente. Te sentirás más tranquilo y relajado, te dormirás más rápido y dormirás mejor.

SOLOVINO ME DIJO QUE YA VA A LLEGAR MI TÍO

La comunicación con las plantas y las mascotas puede ser una experiencia enriquecedora para los niños. Puede ayudarles a desarrollar empatía, respeto y responsabilidad hacia los seres vivos. Te comparto algunos ejemplos de cómo las plantas y las mascotas se comunican con los humanos

Las plantas: Las plantas se inclinan hacia la luz del sol para obtener energía. La planta nos está diciendo que necesita más luz para crecer, habrá que moverla a un lugar diferente. Algunas plantas cierran sus hojas por la noche o cuando hace frío. Nos comunican que están tratando de conservar energía y que nosotros también nos recargamos cuando nos vamos a dormir o cerramos los ojos. Algunas plantas cambian de color en otoño. Nos están diciendo que se están preparando para el invierno y que nosotros también debemos cambiar nuestra ropa esa época del año.

Las mascotas: Los perros mueven la cola cuando nos quieren decir que están felices o emocionados. Los gatos lamen a sus dueños para decirnos que nos aman. Los pájaros cantan para atraer a una pareja o para llamar a otros amigos y defender su territorio cuando presienten peligro, por ejemplo de un gato que se acerca.

y algunos inspiradores de comunicación entre animales y humanos con historias de la vida real.

A. Koko, la gorila que aprendió el lenguaje de señas.

Koko era una gorila que nació en 1971 en San Francisco, EUA. Fue criada por la Dra. Francine Patterson, quien le enseñó el lenguaje de señas. Koko aprendió más de 1000 signos y podía entender hasta 2000 palabras habladas en inglés. También podía expresar sus emociones y sentimientos, e incluso inventó sus propios signos. Koko falleció en 2018 a la edad de 46 años, dejando un legado de aprendizaje y comunicación entre especies.

B. Chantelle, la chimpancé que salvó a un niño.

En 2009, una chimpancé llamada Chantelle salvó a un niño de 3 años que había caído en el recinto de primates en el zoológico de Londres en Inglaterra. Chantelle corrió hacia el niño, lo protegió de otros chimpancés y lo llevó a un lugar seguro. Los cuidadores del zoológico creen que Chantelle pudo reconocer la situación de peligro y actuar instintivamente para proteger al niño.

C. Los perros que detectan convulsiones y los que asisten a sus dueño de mil y una maneras.

Algunos perros pueden detectar convulsiones en sus dueños antes de que ocurran y ladrar para avisar. Esto le permite a sus dueños tomar medidas para protegerse durante la convulsión, como acostarse en un lugar seguro o pedir ayuda. Otros perros de asistencia pueden ayudar a personas con discapacidades físicas, visuales o auditivas a realizar tareas cotidianas como abrir el refrigerador y cerrar la puerta.

D. Las personas que hablan con los caballos.

Monty Roberts, un entrenador de caballos de los Estados Unidos, desarrolló un método de comunicación con los caballos basado en la observación y el respeto. Su método ha ayudado a miles de personas a mejorar su relación con sus caballos.

CUANDO LOS ABUELOS SE VAN

Con el tiempo y el apoyo adecuado, los niños podrán aprender a vivir con la pérdida de sus seres queridos (humanos, mascotas, amigos invisibles) y recordarlos con cariño. Aquí te comparto algunas estrategias para lidiar con la tristeza y la nostalgia por la muerte de los seres queridos:

1. Honrar su memoria

- **Crea un álbum de recuerdos:** Reúne fotos, cartas, dibujos y otros objetos que te recuerden a tus seres queridos. Puedes crear un álbum físico o digital para compartirlo con tu familia y amigos.

- **Visita lugares especiales:** Si hay lugares que te recuerden a tus seres queridos, visítalos y recuerda los momentos felices que compartiste con ellos.

- **Comparte historias:** Habla con tu familia y amigos sobre ellos. Comparte tus re-

cuerdos favoritos y las cosas que más te
gustaban de ellos.

2. Mantener la conexión a través de los genes

- **Observa las similitudes físicas:** Mírense
en el espejo y busquen las similitudes que
tienen con los abuelos. Puede ser el color
de los ojos, la forma de la nariz o la sonrisa.

- **Descubran los talentos heredados:** Tal
vez tengan un talento para la música, la
pintura o el deporte que heredaron de los
abuelos. Investiguen sus talentos y explo-
ren si también los tienen.

- **Sientan el amor en su corazón:** Recuerden que el amor de los abuelos está con
nosotros siempre, incluso si ya no están
físicamente presentes. Cierren los ojos y
sientan su amor en su corazón.

3. Buscar apoyo y expresar las emociones

- **Habla con tu familia y amigos:** Comparte tus sentimientos sobre la muerte de
tus seres queridos con las personas que te
quieren y te apoyan.

- **Dibuja o escribe sobre tus emociones:** Expresar tus emociones a través del arte o la escritura puede ayudarte a procesar tu duelo.

Aquí hay algunos consejos adicionales para ayudar a los niños a lidiar con la muerte de sus seres queridos:

- Sé honesto y directo con ellos. No intentes ocultarles la verdad o usar eufemismos.
- Permíteles expresar sus emociones. No los reprimas ni les digas que no deben llorar.
- Dale tiempo al tiempo. El duelo es un proceso que lleva tiempo. No esperes que los niños se recuperen de la noche a la mañana.
- Ofréceles tu apoyo y amor. Hazles saber que estás ahí para ellos y que los quieres.